MUSÉES

DE L'ALGÉRIE

ET

DE LA TUNISIE

MUSÉE LAVIGERIE

CHARTRES. — IMPRIMERIE DURAND, RUE FULBERT.

DESCRIPTION DE L'AFRIQUE DU NORD

ENTREPRISE PAR ORDRE

DE M. LE MINISTRE DE L'INSTRUCTION PUBLIQUE ET DES BEAUX-ARTS

MUSÉES

ET COLLECTIONS ARCHÉOLOGIQUES

DE L'ALGÉRIE

ET

DE LA TUNISIE

MUSÉE LAVIGERIE

DE

SAINT LOUIS DE CARTHAGE

COLLECTION DES PÈRES BLANCS FORMÉE PAR LE R. P. DELATTRE

SUPPLÉMENT

II

PAR M. J. MARTIN, MEMBRE DE L'ÉCOLE FRANÇAISE DE ROME

PARIS

ERNEST LEROUX, ÉDITEUR

28, RUE BONAPARTE, 28

1915

Le texte du deuxième fascicule supplémentaire du *Musée Lavigerie* est rédigé depuis plus de huit mois. Avant de quitter Rome, à la fin de juin dernier, M. J. Martin m'en avait envoyé le manuscrit. Il était convenu entre nous que je le transmettrais à l'imprimeur pendant l'été, de telle sorte que le travail pût voir le jour à l'entrée de l'automne. Les événements tragiques au milieu desquels nous vivons sont venus bouleverser tous nos projets et arrêter aussi bien la confection des planches que l'impression du texte. Ce n'eût été là qu'un retard facilement réparable, si l'irréparable n'avait suivi. Dès les premiers jours de la guerre, M. J. Martin est tombé au champ d'honneur, à la tête de la section de mitrailleuses qu'il commandait, emportant avec lui toutes les espérances que son talent, son intelligence, son érudition avaient éveillées chez ses maîtres et chez ses amis.

Notre devoir est de ne pas retarder plus longtemps la publication de la série de notices auxquelles ce jeune savant, si prématurément enlevé, avait longuement travaillé, lors des deux missions accomplies par lui à Carthage en 1913 et 1914. Il est fort probable, s'il lui avait été donné d'en corriger les épreuves, qu'il aurait apporté à la rédaction quelques modifications de détail ; mais ce qu'il eût fait, nul autre n'a le droit de le faire à sa place, même dans une intention pieuse. Je n'ai donc pas changé un mot au texte qu'il m'avait remis ; mon rôle s'est limité à la surveillance de l'impression et à la rédaction de la table.

Il me reste, en terminant ces explications nécessaires, à saluer bien bas M. J. Martin, à saluer en lui et avec lui tous ceux de nos élèves qui viennent de donner leur vie pour la cause sacrée de la patrie française. Nous comptions qu'ils la serviraient autrement, qu'ils nous aideraient à continuer nos études et nos recherches, à maintenir le bon renom de l'érudition nationale, qu'ils nous remplaceraient quelque jour avec éclat. Le contraire, hélas, est arrivé. C'est le cas où jamais d'inscrire ici la formule qui se lit sur nos épitaphes latines : *Quod ipse nobis facere debuisti, fato victus non potuisti !*

R. CAGNAT.

ANTIQUITÉS ROMAINES

PLANCHE 1

I. — TÊTE D'ATHÉNA PARTHÉNOS

Marbre blanc. — Hauteur (du sommet du front au menton), 0^m,063.
Trouvée près de Damous-el-Karita.

Quelque peu détériorée : le casque a perdu son cimier ; le nez et la joue gauche sont endommagés.

Le casque imite celui de la Parthénos de Phidias, mais est traité plus simplement. Le cimier semble formé de trois aigrettes et l'on distingue avec netteté les pattes des Pégases et du Sphynx. Les garde-joues portent un motif simplifié de lignes parallèles. Sur la visière, manquent les chevaux au galop, que donnent l'intaille de Vienne et le médaillon de l'Ermitage. Les dimensions exiguës de notre statuette ne permettaient probablement pas le luxe de détails de l'original, que les graveurs ont reproduit avec tant de soin.

Si le casque rappelle celui de Phidias, la tête est traitée dans

un style tout différent : elle est charmante, d'ailleurs, avec ses joues
un peu grasses et lourdes, ses yeux chargés de langueur, sa bouche
entr'ouverte et charnue. Légèrement inclinée sur l'épaule droite,
elle donne de la *Vierge* une idée plus tendre que la tête haute et
fière de la Parthénos : elle semble symboliser l'Innocence plus que
l'altière Virginité.

L'inspirateur n'est plus Phidias, mais Scopas. Plus d'un trait
rattache notre statuette à toute la série établie par Furtwängler[1]
et dont les principaux représentants sont l'Athéna Rospigliosi,
l'Athéna des Offices et l'Athéna Chiaramonti. Le front, la bouche
et surtout les yeux, légèrement exorbités, sont traités dans le même
style. Par contre, au lieu d'avoir les cheveux flottants, notre Athéna
a la chevelure ramassée sous le casque, qui ne laisse échapper que
deux boucles couvrant les tempes et la moitié de l'oreille. La tête,
inclinée sur l'épaule droite, et non sur l'épaule gauche, indique une
attitude du corps sinon absolument différente, du moins symétrique.

Nous avons donc à faire à la combinaison de deux types clas-
siques, interprétés avec une certaine liberté : cette conception d'art
nous éloigne tout autant de l'école de Sosibios et de Salpion que
de celle de Pasitélès.

2. — RAPT DU PALLADION

Marbre blanc. — Hauteur, 0ᵐ,29. Largeur, 0ᵐ,40. — Trouvé à Damous-el-Karita.

Relief très plat. Quelque peu détérioré, mais d'un art tout à
fait délicat.

La scène représentée indique une tradition assez tardive de la
légende. Hélène, dernier personnage à gauche, fait remettre le
Palladion à Ulysse et Diomède, figurés sans doute sur la partie

(1) *Meisterwerke*, p. 527 et suiv.

droite disparue du relief, par Théano, prêtresse d'Athéna, et
Anténor, son mari. Auprès d'Hélène, est sa servante Aithra. Au
fond se dessine une tête vue de face, que nous n'avons pu identifier.

Le Palladion est une statuette archaïque d'Athéna. La déesse
est armée du bouclier et de la lance; elle est revêtue de la tunique
talaire, qui fait entre ses jambes le pli caractéristique des représentations archaïques d'Athéna. C'est le Palladion romain, celui que
tient Vesta sur les monnaies de Galba, celui que nous voyons sur
une base de Sorrente [1].

Anténor, le sage vieillard, est représenté au second plan de
profil. Sa tête est couronnée. Sa lèvre supérieure est rasée : une
longue barbe pend de son menton. Remarquons le travail de l'œil,
qui n'a rien d'archaïque et contraste avec le reste de la figure.

Théano porte le Palladion. Sa tête est voilée d'une pièce d'étoffe
qui mérite l'attention : les deux parties de la coiffure viennent se
rejoindre sous le menton, à mi-cou, fixées sans doute par une fibule :
cette coiffure est le *fibulinum*, caractéristique des prêtresses de Vesta.
Qu'on la compare à celle que l'on voit sur la base de Sorrente [2],
une base de Palerme [3], un bas-relief de la villa Albani [4].

La tête dessinée de face est fort jolie : elle semble sortir d'une
frise du Parthénon. Mais représente-t-elle une femme ou un jeune
homme ?

La tête d'Aithra est d'un gracieux dessin archaïsant. Le sculpteur a voulu sans doute rappeler l'origine attique d'Aithra en lui
donnant l'aspect d'une Athénienne de bas-relief funéraire. Rien de
plus curieux que la façon dont l'œil est représenté de face.

Hélène a la tête nue, les cheveux bouclés et ramassés en un
chignon à la mode attique. Elle est revêtue d'une tunique à manches.
Elle tend le bras droit en avant, la main ouverte, comme pour offrir
aux héros athéniens le Palladion qu'elle-même ne peut toucher.

Plus d'un trait trahit l'époque avancée de ce bas-relief pseudo-

(1) *Röm. Mitth.*, 1889, p. 307.   (3) *Röm. Mitth.*, 1894, p. 130.
(2) *Ibid.*   (4) *Ibid.*

attique : le mélange des styles archaïque, attique, néo-attique,
romain : la présence du Palladion romain et du *fibulinum*. De plus,
dans la chaîne des mythes relatifs à la prise d'Ilion, Anténor n'est
conçu comme traître pour la première fois que par Lycophron. Et
ce n'est qu'avec Dictys qu'il est associé à l'enlèvement du Palladion.
Dans la célèbre fresque de Pompéi, apparaît Théano; mais Anténor
manque [1]. Enfin, trouvée à Damous-el-Karita, cette base doit
provenir des villas qui florissaient à cet endroit entre le Ier et le
IIIe siècle.

Pour toutes ces raisons, nous pensons que ce bas-relief doit
être rapporté au IIe siècle.

3. — FRAGMENT DE BAS-RELIEF

Marbre blanc. — Hauteur, 0ᵐ,30. Largeur, 0ᵐ,20. — Trouvé à Byrsa.

Ce fragment, d'une exécution remarquable, est sans doute
l'œuvre de l'un des sculpteurs grecs qui travaillaient à Carthage au
Ier et au IIe siècle de notre ère.

Un vieillard à moitié chauve, portant une longue barbe flot-
tante, s'avance péniblement en s'appuyant de la main droite sur un
bâton. Il a le dos fortement voûté ; de son épaule gauche pend un
himation. On pense tout de suite au portrait d'un philosophe à
cause de l'expression idéale de la physionomie. Est-ce Diogène?
Notre relief rappelle, mais de loin, celui de la villa Albani [2],
l'Hermès de la salle des Muses au Vatican [3], la tête du Musée
d'Aix [4]. Comme dans ces portraits, notre philosophe est bossu; il
s'appuie sur un bâton, il a de fortes mèches sur la nuque. Sa

(1) *Giorn. dei Scavi di Pompei*, II, pl. X.
(2) Bernoulli, *Griech. Ikon.*, II, pl. VIII.
(3) Pistolesi, *Il Vaticano*, V, pl. LXXXII.

(4) Arndt-Amelung, *Photogr. Einzelauf-
nahmen antiker Sculpturen*, n° 1407.

barbe est frisée, son regard sombre. Par contre, il a sur la tête une mèche, *comme le Diogène de la mosaïque de Vienne*[1], et de sa figure se dégage une expression plutôt idéale, tandis que les autres portraits sont traités dans la manière réaliste. Si nous avons à faire à un portrait du Cynique, il faut admettre qu'il dérive d'une tradition toute différente des autres, où Arndt a reconnu la même inspiration lysiptique[2].

(1) Bernoulli, *Griech. Ikon.*, II, p. 48.   (2) Arndt, *Griech. und röm. Porträts*, 321.

PLANCHE II

I. — SARCOPHAGE D'ENFANT

Marbre blanc. — Hauteur, 0^m,45. Largeur, 1^m,05. — Trouvé en 1905 à Mcidfa.

Bien que le sarcophage ait été trouvé dans le cimetière chrétien de Mcidfa, et qu'il ait contenu le corps d'un enfant chrétien, c'est incontestablement une œuvre d'art païen. « La face de la cuve, dit le P. Delattre, est occupée par une suite d'Eros. Ils sont au nombre de six. Celui qui est le plus remarquable est en grande partie caché dans un masque de philosophe et passe sa main droite dans la bouche en guise de langue. Un Eros recule épouvanté, tandis qu'un de ses compagnons le soutient et le rassure. Ces trois personnages occupent à droite la moitié du sarcophage. L'autre moitié montre un Éros tenant de la main droite une flûte de Pan et de la main gauche une torche renversée. Enfin, le dernier groupe représente deux Éros, l'un tenant dans la main un canthare et de l'autre une couronne tandis que son compagnon l'empêche de céder à l'impression de l'ivresse. Cette scène est encadrée aux deux extrémités par un arbuste : dans ce travail, les personnages seuls sont sculptés. Tout le champ est demeuré brut. C'est une sculpture assurément inachevée, dans laquelle on reconnaît cependant la main d'un véritable artiste. Les petits personnages aux membres potelés sont pleins de vie et de mouvement. Les visages ont chacun leur expérience particulière et l'ensemble est d'un joli effet. »

Le musée de Sfax possède une mosaïque représentant une

scène analogue : un amour masqué effraie un autre amour qui
recule [1]. Le même motif se retrouve dans une statuette de la villa
Albani.

BIBLIOGRAPHIE. — Delattre, *Comptes rendus de l'Acad. des Inscript.*, 1906, p. 424 ; Sal. Reinach
Répert. de Reliefs, II, p. 3.

2. — BAS-RELIEF FUNÉRAIRE

Stuc. — Hauteur, 0^m,75. Largeur, 0^m,84. Épaisseur, 0^m,052.
Trouvé dans une fouille supplémentaire du premier cimetière des *Officiales*.

La provenance de ce bas-relief indique suffisamment que nous
avons à faire à un monument funéraire. Elle aide aussi à l'inter-
prétation de la scène représentée.

Au centre de la figure, trois *hommes* sont debout devant une
table, qui est, soit un trépied, soit plutôt une table à quatre pieds
vue de perspective. Tous trois sont vêtus de la toge, de même,
d'ailleurs, que les autres personnages. Deux d'entre eux se tendent
la main *droite* au-dessus de la table. Le personnage central semble
les unir. Les gestes de ces trois personnages sont exactement ceux
de la *pronuba* et des deux époux dans les représentations de *dextrarum junctio*. De chaque côté de ce groupe central se tiennent trois
personnages, qui semblent des jeunes gens. Deux d'entre eux
sont debout, le troisième assis : celui de droite paraît assis sur une
banquette de pierre. Celui de gauche tend la main droite ouverte
vers la table.

Ce bas-relief paraît bien représenter une cérémonie juridique :
les personnages sont tous revêtus de la toge ; il ne s'agit évidemment pas d'une scène religieuse : rien en tous cas ne l'indique. De

[1] R. Massigli, *Catalogue du Musée de Sfax*, p. 15.

plus la surface du bas-relief est concave ou plutôt incurvée selon une génératrice verticale ; il n'est pas impossible que par ce procédé, l'artiste ait voulu représenter le fond d'une basilique. Enfin comme le sujet de ce bas-relief, qui provient du cimetière des *Officiales*, n'a rien de funéraire, il doit évidemment représenter la fonction d'un *officialis*.

Quel est *l'officialis* auquel se rapporte le monument ? Quelle cérémonie est représentée ? telles sont les deux questions qui nous restent à résoudre. Il y a toutes les chances du monde pour que le personnage essentiel, celui auquel est destiné le bas-relief ait été représenté au centre de la figure. Nous avons donc à faire à un *officialis*, chargé de présider à une *dextrarum junctio* entre deux « parties ». Les quatre personnages debout doivent être les quatre témoins, les deux personnages assis, deux autres *officiales* chargés d'un rôle que nous n'arrivons pas à déterminer.

Quel acte juridique accomplissent les deux parties ? nous n'en savons rien ; la *dextrarum junctio* indique bien· qu'il s'agit d'un contrat : mais est-ce un contrat de vente, d'adoption, etc.....

La même incertitude pèse sur le personnage central : est-ce un *princeps,* un *ab actis,* nous n'en savons rien. Les deux personnages assis semblent des *consiliarii.*

Il nous reste peu de choses à dire sur le style de ce monument. Trouvé dans le premier cimetière des *Officiales,* il se date naturellement du 1er siècle de notre ère[1]. La facture est assez grossière. Les parties détériorées permettent de voir qu'au-dessous de la couche de stuc, il y avait sur la pierre des dessins au trait.

---

(1) *C. I. L.,* VIII, p. 1301. Cf. R. Cagnat, *Bull. épig.,* II (1882), p. 230.

PLANCHE III

1. — AMOURS MUSICIENS

Fragment de bas-relief en marbre blanc. — Hauteur, o^m,43. Largeur, o^m,45.
Trouvé à Carthage.

Trois amours se divertissent aux jeux de la musique et de la danse. Le premier à gauche a la tête couverte d'une petite coiffure à bords étroits. Le second souffle dans une flûte à deux branches en élevant très haut la tête et les bras ; quant au troisième, il danse tout en jouant de la cithare.

Les mouvements sont gracieux, le modelé délicat et les expressions amusantes.

2 et 3. — TÊTES DE SILÈNE

Marbre blanc. — Hauteur, o^m,19. — Trouvé à Byrsa.

Les deux têtes sont sculptées sur chacune des faces d'une plaque de marbre : l'une est en haut relief, l'autre en relief très plat. A notre avis, nous sommes en présence d'un fragment d'*oscillum,* malgré la saillie accentuée de la première tête. Tout d'abord, le fragment est travaillé symétriquement sur les deux faces ; d'autre part, à l'un des angles, nous avons reconnu une forme circulaire ;

2

nous savons enfin que les sujets d'*oscilla* sont presque toujours tirés du cycle bachique. La partie en haut relief est la partie extérieure de l'*oscillum*.

Remarquons que les deux têtes de Silène ne sont pas de même type. L'un est un personnage grotesque ; l'autre n'a, pour ainsi dire, plus rien du Silène et se rapproche du type socratique.

Le premier a le sommet du crâne chauve et sur sa nuque pendent des cheveux bouclés. De la région des tempes partent des excroissances, qui semblent, autant que l'on en peut juger d'après l'état de délabrement de cette partie du relief, des cornes d'Ammon. Le front est fortement bombé au-dessus des yeux qui saillent et dont les pupilles sont dessinées. Le nez est large et épaté. Une moustache longue et bouclée pend de chaque côté d'une bouche lippue qui s'ouvre largement comme une bouche de masque comique. C'est le type attique du Papposilène du IVe siècle, apparenté avec le Papposilène archaïque et que l'on retrouve dans des statuettes de terre cuite[1]. Mais l'exécution est du IIe siècle de notre ère ainsi que le montre le travail des pupilles.

Des peintures de vases[2] nous montrent des boucliers ornés d'une tête de Silène à la bouche largement ouverte et destiné à effrayer l'ennemi. Le type est différent du nôtre ; mais on remarquera que sur ces boucliers la tête de Silène est représentée *en forte saillie*. Quoi d'étonnant à ce que des boucliers de guerre ce motif soit passé aux boucliers décoratifs ?

L'autre Silène est un personnage grave. Son front chauve est celui d'un penseur. Un sourcil soucieux ombrage son œil (dont la pupille est dessinée). Le nez est épais sans être grotesque. La bouche, la moustache et la barbe rappellent celles de la première tête. L'oreille est large et maladroitement sculptée. Toute trace de cornes a disparu. Nous avons là le type du Silène tournant vers le

---

(1) Winter, *Ant. Terrak.*, II, 398 ; Saglio, *Dict. des Ant.*, IV, p. 1093, note 20.

(2) Berlin, 1718, 1732 ; 'Εφημ. 'Αρχ., 1885, VIII, 2 ; Furtwängler, *Gemmen*, VII, 48.

Sage et se confondant parfois avec celui de Socrate[1]. L'exécution
de cette face de l'*oscillum* est fort inférieure à celle de l'autre.

4, 5 et 6. — BOUCLIERS DÉCORATIFS

Marbre blanc. — Hauteur, 0^m,33, 0^m,35, 0^m,42. — Trouvé à Cherchell.

Les trois *clipei* auraient été trouvés par le cardinal Lavigerie à
Cherchell, selon les souvenirs du R. P. Delattre ; cependant un
doute subsiste : ils pourraient aussi provenir de *Tigava*.

Comme tous trois sont fixés au mur du jardin, il est impossible
de savoir si leur revers porte quelque décoration.

Leur diamètre primitif était de 0^m,45 : ce qui les range parmi
les plus grands boucliers décoratifs connus.

Ils ornaient sans doute l'entrecolonnement du même édifice :
étant données leurs dimensions, cet édifice devait être fort important ;
et par conséquent se trouver dans une ville importante : Césarée
plutôt que *Tigava*.

Les trois personnages qu'ils représentent ont de nombreux
points de ressemblance : tous trois ont une chevelure aux boucles
en désordre, celle que les sculpteurs grecs et romains donnent
généralement aux Satyres ou à Bacchus lui-même. Tous trois
portent au front un signe particulier, le premier une corne naissante,
le second une aile, le troisième une corne de bouc. Pour le premier,
il n'y a aucun doute : c'est un Satyre ou un Bacchus cornu. Le
second pourrait être un Mercure et le troisième un Ammon. Mais
leur chevelure, leur ressemblance, le fait que tous trois appartiennent
au même édifice nous font plutôt penser qu'ils représentent la même

(1) Röscher, *Lexik. der Mythol.*, s. v. Satyros C.

divinité : Bacchus. D'ailleurs, les personnages des *oscilla* appartiennent presque toujours au cycle dionysiaque.

Nous aurions donc trois avatars de Dionysos : Bacchus cornu, Bacchus ailé, Bacchus aux cornes d'Ammon. Les deux derniers posent des problèmes mythographiques[1] où nous ne pouvons entrer et dont nos *oscilla* ne donnent d'ailleurs pas la clef. Le personnage ailé est-il Bacchus ou Narkaios, son fils? Rien ne nous autorise à répondre. Nous aurions eu, par contre, la solution d'un problème encore pendant, si, par une fatalité vraiment regrettable, le Dieu aux cornes d'Ammon ne nous était parvenu incomplet. Car s'il admet l'existence d'un type de Bacchus barbu à cornes de bélier, Thrämer, dans les divinités imberbes, reconnaît plutôt un Ammon jeune. Il est par malheur impossible de distinguer si notre personnage, *qui est un Bacchus,* a ou non de la barbe. En tous cas Bacchus-Ammon est un type Nord-Africain, d'origine probablement cyrénaïque et nous ne pouvons être surpris de le retrouver à Cherchell. Le syncrétisme Silvain Mercure est de même un fait Africain, l'Afrique étant le pays de la théocratie par excellence.

La saillie des reliefs est assez plate, et les modèles, dont s'est inspiré le sculpteur romain, sans doute hellénistiques, ainsi que le montre le travail des yeux et surtout des cheveux qui rappellent ceux des « Gaulois mourants ». Par contre l'exécution est toute mécanique et, en somme, médiocre.

Ces *clipei* ont dû être exécutés au Iᵉʳ siècle de notre ère.

---

(1) E. Thrämer dans Röscher, *Lexik. der Mythol.,* I, p. 1151.

PLANCHE IV

1. — TÊTE DE GALATE MOURANT

Marbre blanc. — Hauteur, 0ᵐ,13. Largeur, 0ᵐ,11. — Trouvée à Carthage.

Cette tête est malheureusement fort détériorée. Le devant de la figure n'est plus qu'une surface indistincte. La partie antérieure de la chevelure, les sourcils, le nez, la partie inférieure de la bouche ont disparu.

Ce qui reste nous permet de reconnaître un des nombreux « Galates mourants » représentés par les sculpteurs de Pergame et d'Alexandrie. Néanmoins notre tête ne reproduit aucun des types connus.

Les cheveux, hérissés et courts, sont traités en grandes masses. Leurs boucles, collées par la sueur, viennent s'appliquer sur les tempes et la nuque. Les yeux, d'un contour très fin, sont tournés vers le ciel. Leur expression douloureuse est accentuée par le dessin de la pupille, creusée dans le globe de l'œil. La bouche imberbe est largement ouverte comme pour crier ou plutôt respirer violemment. Elle est entourée de plis profonds, destinés à marquer l'expression de douleur. La tête tout entière est renversée en arrière et les muscles du cou distendus par ce mouvement et par le dernier effort pour aspirer l'air. Les chairs flasques des joues et du cou nous montrent que nous avons à faire à une tête de vieillard. L'art réaliste avec lequel elle est traitée est fort remarquable et ne rappelle que de loin l'école de Pergame, où les Galates sont déjà réduits à un type généralisé, idéalisé. L'intensité de l'expression fait plutòt penser au groupe Alexandrin qu'a déterminé M. Ad. Reinach, sans que l'on puisse établir avec lui aucun rapport exact [1].

A notre avis, les sculpteurs grecs de Carthage du Ier et du IIe siècle de notre ère n'étaient point incapables d'un tel travail.

2. — ESCULAPE ET TÉLESPHORE

Marbre blanc. — Hauteur, 0[m],92. — Trouvé dans la Nécropole punique de Carthage.

Ce groupe a été retrouvé en trois fois. Le Musée Lavigerie possédait depuis plusieurs années une statue acéphale d'Esculape, quand en 1898, le P. Delattre et M. Gsell retrouvèrent la tète du dieu et l'enfant Télesphore. Il ne manque plus au sujet, pour être complet, que le bras droit du personnage principal. Sur la tète de Télesphore et à la hanche d'Esculape, on distingue deux tenons. Peut-être Esculape posait-il la main droite sur la tète de l'enfant? A gauche du groupe s'enroule sur un tronc le serpent symbolique. Esculape coiffé du *modius*, la poitrine nue et Télesphore encapuchonné ont leur aspect habituel.

L'ensemble est d'un bon travail romain.

Une statue semblable a été trouvée en 1913 à Hammam-Djedidi, entre Hamamet et Zaghouan [2].

BIBLIOGRAPHIE. — Delattre, *Comptes Rendus de l'Acad. des Inscr.*, 1898, p. 215; Id., *Mém. de la Soc. des Ant. de France*, LVIII, pl. 2; S. Reinach, *Rép. de la statuaire*, III, p. 13, nᵒ 10.

(1) Cf. Ad. Reinach, *Mon. Piot*, XVIII, p. 37; Sal. Reinach, *Bull. de Corr. hellén.*, 1889; Bienkowski, *Die Darstellungen der Gallier in der hellenistischen Kunst*.

(2) Merlin, *Bull. arch. du Comité*, 1913, p. CCXVI.

3. — FRAGMENT DE BAS-RELIEF NÉO-ATTIQUE

Marbre blanc. — Hauteur, 0ᵐ,27. Largeur, 0ᵐ,17. — Trouvé à Carthage.

D'une saillie très légère, ce bas-relief représente un personnage dont la couronne de lierre nous fait reconnaître sans peine en lui un Dionysos ou prêtre dionysiaque. La coiffure est celle des divinités du VIᵉ siècle, πλόκαμος compliqué, formé d'une multitude d'ἕλικες. Une τέττιξ retient le chignon et les deux nattes en ἕλικες qui descendent toutes raides de la nuque sur les épaules. Le reste de la figure a le même caractère archaïque, sauf l'œil représenté de profil et travaillé avec une certaine mollesse. La narine est fortement relevée et les deux plis de la joue marqués avec raideur ; la bouche est épaisse et ne sourit pas. La lèvre supérieure est rasée ; la barbe pointue rehaussée en avant est découpée par un trait net sur le contour du menton.

Le personnage est revêtu d'une tunique à manches, ornée sur l'épaule d'une large bande, qui vient se mouler en plis tirés et secs autour de la taille.

L'ensemble rappelle trait pour trait le « prêtre au balai » ou au « φανός » de la base triangulaire de Dresde[1].

4. — TÊTE D'EMPEREUR

Marbre blanc. — Hauteur, 0ᵐ,11. Largeur, 0ᵐ,10. — Trouvée à Carthage.

Fort détériorée : le nez, la bouche et le menton ont presque complètement disparu. Il est cependant fort curieux d'y reconnaître

[1] Cf. Hettner, *Bildw. der Antikensammlung in Dresden,* p. 76 ; Bötticher, *Arch. Zeit.,* 1858, p. 197 ; Hauser, *Neu attischen Reliefs,* n° 55, etc.

assez aisément un portrait de Caracalla jeune : les monnaies le représentent imberbe jusqu'à l'âge de 20 ans.

Les cheveux sont épais et bouclés, le front barré de deux plis soucieux ; la face est large, encadrée de deux mèches, presque des favoris, qui tombent en avant de l'oreille. Les yeux surtout sont caractéristiques, surmontés d'énormes muscles plissés : le dessin des prunelles date la statue du IIIe siècle. Enfin l'asymétrie du visage concorde avec le fait que Caracalla portait la tête penchée sur l'épaule gauche.

La présence d'un portrait de Caracalla à Carthage, à laquelle il donna le *jus Italicum,* et où il était populaire, n'est pas faite pour nous surprendre.

5. — TÊTE D'EMPEREUR

Marbre blanc. — Hauteur, 0^m,19. — Trouvée à Carthage.

Malgré son état de conservation passable (il ne lui manque que le nez), il ne nous a point été possible d'identifier cette tête barbue. La forme de la couronne composée de feuilles de lauriers, le travail des cheveux retombant sur le front en mèches à peine bouclées, nous empêchent de penser à un empereur du IIe siècle. Reste la foule des empereurs du IIIe siècle. Peut-être même faut-il descendre jusqu'au IVe ? Notre tête n'est point sans rapport avec celle du soi-disant Julien du Louvre[1]. — Le crâne, les cheveux, le front, l'attache du nez, le menton présentent quelque ressemblance. Par contre, dans notre tête, l'œil est plus petit que dans celle du Louvre, les joues plus maigres et la barbe bouclée.

(1) Salle de Septime-sévère : *Catal. sommaire,* 2323 ; Bernoulli, *Röm. Ikonog.,* II, p. 243.

6. — PORTRAIT D'EMPEREUR

Marbre blanc. — Hauteur, 0^m,19. — Trouvé à Carthage.

Cette tête fort détériorée conserve cependant certains caractères qui permettent de l'identifier. Les cheveux sont épais et bouclés, la barbe courte et drue. Le crâne est puissant : il s'attache à la nuque par une voûte prononcée et le front fortement bombé domine des yeux saillants. Enfin l'attache du nez est épaisse.

Nous avions d'abord pensé à Septime Sévère ; mais la ressemblance est plus frappante avec Clodius Albinus (qui d'ailleurs sur les monnaies a un type tout à fait voisin de celui de Septime Sévère). Que l'on compare notre tête avec le buste du Vatican. Même forme du crâne, même dessin du front, même forme du menton, mêmes yeux aux paupières un peu lourdes[1]. Comme Clodius Albinus était Africain, nous ne sommes point étonnés de retrouver son portrait à Carthage.

7. — PORTRAIT D'HOMME INCONNU

Marbre blanc. — Hauteur (du sommet du front à la bouche), 0^m,12. — Trouvé à Carthage.

Le portrait est fort restauré. Le nez et la partie du visage située au-dessous de la bouche sont refaits.

Sur le front dégarni de notre personnage tombe une boucle de

(1) Cf. Bernoulli, *Röm. Ikonog.*, II, 3, p. 19.

cheveux frisés, traitée d'une façon raide et mécanique. Les mêmes cheveux frisés couvrent les côtés de la tête. Le front est spacieux et barré d'un pli transversal. Les joues et la lèvre sont couvertes d'une barbe et d'une moustache grossièrement travaillées. Remarquons les yeux dont la prunelle est sculptée. Le portrait rappelle assez celui du Romain inconnu des Offices [1] : il est d'ailleurs d'un art fort inférieur.

L'ensemble des caractères et surtout le travail des cheveux et des yeux nous le font placer à l'époque des Antonins.

8. — TÊTE D'IMPÉRATRICE

Marbre blanc. — Hauteur, 0^m,42. — Trouvée dans une nécropole punique d'Utique.

La tête voilée portant le diadème est celle d'une impératrice. Le travail du marbre, un peu sévère, l'ordonnance des cheveux coiffés en bandeaux, les yeux vides de prunelle et de pensée, nous permettent de la placer au Ier siècle de notre ère. Quant à une détermination plus précise de l'impératrice que le sculpteur a voulu représenter, elle nous paraît impossible : désireux de représenter l'*Augusta* sous l'aspect majestueux et imposant de Héra, il n'a réussi qu'à lui donner la figure auguste et insignifiante des déesses du Panthéon romain.

Le profil très détérioré est une gêne de plus pour la détermination.

BIBLIOGRAPHIE. — Delattre, *Comptes Rendus de l'Acad. des Inscr.*, 1906, p. 62.

(1) Hekler, *Die Bildniskunst der Griechen und Römer.*, pl. 222.

PLANCHE V

1. — ŒNOCHOÉ

Terre cuite. — Hauteur, 0m,19. — Trouvée à Carthage.

L'orifice et l'anse du vase ont été brisés. Cette poterie, de terre rougeâtre et mal cuite, est d'un travail sans finesse. Les sourcils, les yeux et la barbe sont d'une exécution grossière. L'ensemble de ces caractères nous fait supposer qu'il est de basse époque.

Les vases, dont la panse a la forme d'une tête humaine, sont peu rares en Afrique.

Le personnage est couronné d'un étroit bandeau portant des feuilles de lierre, dont deux pendent sur le front. La couronne de lierre est un des attributs de Bacchus, dieu κισσοχαίτης. Quant au fil qui lui cercle la tête, il se retrouve sur plusieurs figures de vases [1]. Cette représentation de Bacchus et la forme du vase indiquent une œnochoé.

2. — BOUCHON D'AMPHORE

Terre cuite. — Hauteur, 0m,11. Largeur, 0m,075. — Trouvé à Carthage.

Terre rougeâtre et mal cuite. Le sujet rappelle celui, bien connu en céramique, de la Vénus au coquillage. Mais notre pièce

[1] Münich, 102, 157, 555, 607.

présente des particularités curieuses. Sur le sein de la déesse, on peut distinguer deux pieds, sans doute ceux d'Eros. Ce qui reste de l'épaule gauche semble indiquer que le bras levé de la déesse soutenait l'enfant-dieu. Nous n'avons trouvé aucun groupe analogue en statuaire ni en céramique.

3. — ORIFICE DE VASE

Terre cuite. — Hauteur, 0^m,19. — Trouvé à Carthage.

Poterie en terre rouge brique, épaisse et fortement cuite. Le vase entier devait avoir des dimensions considérables. Le potier s'est ingénieusement servi du goulot pour figurer un *polos*. La longue chevelure, la barbe bouclée du dieu et surtout le *polos*, nous montrent que nous avons à faire à un Sérapis.

4. — GÉNIE PLEURANT

Terre cuite. — Dimensions, 0^m,09 sur 0^m,07. — Trouvée au cimetière des *Officiales*.

Fragment d'une plaquette en terre rougeâtre fine et peu cuite. Le lieu d'origine et le sujet indiquent qu'elle était destinée à la décoration d'un tombeau.

Un génie ailé, les cheveux serrés d'une bandelette se sèche les yeux avec un voile. Le geste est gracieux et le modelé assez fin.

5. — VICTOIRE AILÉE

Terre cuite. — Hauteur, 0ᵐ,10. Largeur, 0ᵐ,08. — Trouvée à Carthage
(cimetière des *Officiales* ?).

Fragment d'une plaquette en terre rougeâtre fine et peu cuite. La forme rectangulaire de la plaquette entière est indiquée par le bord droit qui est conservé.

Les ailes, la tunique, flottant au vent, nous font reconnaître une Victoire. La tête *semble* casquée. Le mouvement du bras droit levé et replié en arrière, et celui du bras gauche, à demi plié, rendent l'effort de l'envol, et sont communs dans les représentations de la Victoire.

6. — STATUETTE

Terre cuite. — Hauteur, 0ᵐ,20. — Trouvée à Carthage.

Déesse au visage majestueux, la tête coiffée du diadème. Elle est revêtue d'une tunique dont les manches pendent jusqu'au coude. De la main gauche, elle tient une coupe ; la main droite brisée devait aussi tenir un objet : un sceptre, ou une grenade. A ces attributs, on reconnaît Junon, la déesse de Carthage.

Cette figurine était peut-être une statuette votive.

7. — STATUETTE

Terre cuite. — Hauteur, 0ᵐ,18. — Trouvée à Carthage.

Statuette en terre grise, à laquelle il manque la partie inférieure des jambes et les bras.

On reconnaît facilement un rétiaire à certains détails caractéristiques : le *subligaculum*, le ceinturon, et le fragment de *galerus*,
fixé à l'épaule gauche du rétiaire par une courroie[1].

Le gladiateur est en garde, bien campé sur les deux jambes à
demi pliées. On devine le mouvement des bras, qui devaient tenir
le trident : le rétiaire, dans une attitude de défense, doit être représenté repoussant son adversaire, *secutor* ou autre.

8. — TÊTE DE VASE

Terre cuite. — Hauteur, 0^m,08. — Trouvée dans le Cimetière des *Officiales*.

Cette tête de vase à deux anses, en terre noirâtre, a été
retrouvée en deux morceaux. La figure représentée est singulière par
plus d'un trait : les cheveux crépus, le front saillant, le nez épaté, la
bouche lippue composent un facies de négresse accentué.

Les représentations de nègres ou de négresses sont assez rares
dans la statuaire romaine pour que cette terre cuite retienne l'attention : elle est à rapprocher comme vérité du marbre de Berlin[2].
Un vase tout à fait analogue se trouve au Musée Alaoui[3].

BIBLIOGRAPHIE. — Delattre, *Rev. Archéol.*, 1898, II, p. 82.

(1) Cf. Lafaye dans Daremberg et Saglio,
Dict. des Ant. s. v. *Gladiator.*
(2) *Königl. Museen zu Berlin*, 1503.

(3) *Catal. du Musée Alaoui*, I *(Céramique)*,
p. 144, n° 114.

9. — SUPPORT DE LAMPE

Terre cuite. — Hauteur, 0^m,37. — Trouvé à Bordj-Djedid.

Figurine en argile rouge représentant un acteur comique, le visage masqué. Le masque est semblable à celui de la lampe que nous publions plus loin. L'attitude du personnage bedonnant est pleine de vie. Le Musée Saint-Louis possédait déjà quelques colonnettes en terre cuite surmontées de chapiteaux, qui servaient probablement de supports de lampe. Celui-ci les surpasse en intérêt.

Il y a quatre exemplaires de ce modèle : les trois autres supports sont brisés.

BIBLIOGRAPHIE. — Delattre, *Rev. Tunis.*, 1913, p. 443.

PLANCHE VI

1. — LAMPE EN FORME DE LION

Longueur, 0^m,19. Largeur, 0^m,12. Hauteur, 0^m,11. — Trouvée à Bordj-Djedid.

Un lion étendu lève la tête et rugit. Le mouvement et le modelé sont très bons ; et le sujet s'harmonise joliment avec la forme de la lampe.

Le bec est arqué. La poignée est brisée. Pas de marque. Teinte rouge.

BIBLIOGRAPHIE. — Delattre, *Rev. Tunis.*, 1913, p. 186.

2. — LAMPE EN FORME DE CHASSEUR

Hauteur, 0^m,24. — Trouvée à Bordj-Djedid.

La lampe, qui forme une jolie statuette, représente un chasseur debout, le dos couvert d'une peau d'antilope. De ses deux mains appuyées contre la poitrine l'homme tient les pattes de la bête, dont la tête pend à son flanc. Le mouvement est gracieux et le modelé excellent.

Les pieds du chasseur et la base manquent. Le bec se trouve

à la hauteur du coude du chasseur et à la naissance du cou de
l'animal. Dans le dos, à la hauteur des épaules, un godet servait
d'entonnoir pour l'introduction de l'huile. La pièce est d'un beau
rouge brun patiné de chrome.

BIBLIOGRAPHIE. — Delattre, *Rev. Tunis.*, 1913, p. 187.

3. — LAMPE EN FORME DE MASQUE

Longueur, 0^m,12. Largeur, 0^m,085. Hauteur, 0^m,075. — Trouvée à Bordj-Djedid.

Cette lampe de forme curieuse est d'une excellente facture.
Elle représente un masque comique. La bouche servait d'évent. La
queue en forme d'anneau est brisée.

La base arrondie du côté de l'anneau, et terminée en pointe
vers le bec, porte la marque EXOFIQSEM (*ex officina Q. Semproni*).

BIBLIOGRAPHIE. — Delattre, *Rev. Tunis.*, 1913, p. 188.

4. — LAMPE

Diamètre, 0^m,07. — Terre brûlée. — Trouvée aux *Officiales*.

Encore un problème posé et non résolu. Au premier plan sur
un pont passe un homme conduisant un âne. Le pont est formé
d'un grand nombre d'arches. A l'entrée s'élève un arc triomphal à
une porte, semblable à celui que représente un médaillon de Septime
Sévère [1]. Au second plan sont groupés une série de monuments où

(1) Donaldson, *Architectura numismatica*, p. 241.

le P. Delattre voit un moulin ; de gauche à droite nous reconnaissons une porte monumentale, une colonnade, un édifice à coupole, un portique : l'ensemble forme une ville construite dans une île, ou simplement au bord d'un fleuve ou de la mer : il nous a été impossible de l'identifier. Mais il faut sans doute chercher en Italie ; car cette lampe de la première époque est d'importation italiote.

<h3 style="text-align:center">5. — LAMPE</h3>

Diamètre, 0^m,08. — Terre gris clair. — Trouvée dans le cimetière des Officiales.

Il serait sans doute fort intéressant d'interpréter exactement la scène qui fait le sujet de cette lampe : nous n'avons pu le faire avec certitude. Au premier plan, deux barques *semblent* s'avancer l'une contre l'autre : dans celle de droite, on distingue deux rameurs ; dans celle de gauche, qui ressemble fort à la *Placida* de la mosaïque d'Althiburus [1], un homme debout semble faire le geste de lancer le filet.

Le fond est formé par un monument à deux étages, l'un à voûtes, l'autre à colonnes. Au sommet un quadrillage indique peut-être un toit. Est-ce une façade de basilique ou de thermes ? Si la lampe était certainement de fabrication carthaginoise (mais la marque manque), on pourrait penser aux thermes d'Antonin, qui s'élevaient au bord de la mer. L'hypothèse qui nous tente le plus est d'y reconnaître la *Villa Publica* qui se dressait sur le Champ de Mars, au bord du Tibre [2].

(1) *Cat. du Mus. Alaoui*, 1897, p. 37 ; *Inventaire des mosaïques de la Gaule et de l'Afrique*, II, p. 191.

(2) Donaldson, *Architectura Numismatica*, p. 258.

6. — LAMPE

Longueur, 0^m,13. — Trouvée à Bordj-Djedid.

Lampe en forme de dauphin. Cette lampe ne porte aucune marque. Elle devait être soudée sur un support qui n'a pas été retrouvé.

BIBLIOGRAPHIE. — Delattre, *Rev. Tun.*, 1913, p. 187.

PLANCHE VII

1. — LAMPE

Longueur, o^m,145. Diamètre, o^m,10. Épaisseur, o^m,03. — Trouvée à Bordj-Djedid.

Lampe à anneau, en terre rougeâtre et sans marque.
Victoire ailée, tenant un bouclier où on lit :

VIC
AVG
FEL

Le bouclier est surmonté d'une couronne ornée de cinq palmes.
Devant la Victoire un trophée. A ses pieds des palmes. Le pied
gauche foule un casque.
Même marli que la précédente.

BIBLIOGRAPHIE. — Delattre, *Rev. Tunis.*, 1913, p. 302.

2. — LAMPE

Longueur, o^m,135. Diamètre, o^m,095. Épaisseur, o^m,032. — Trouvée à Bordj-Djedid.

Lampe à anneau, de terre rougeâtre, et sans marque.
Bacchante entre deux Bacchants. La Bacchante tient le thyrse ;
l'un des Bacchants, la syrinx et l'autre le pedum : attributs de Pan.

Le marli porte de chaque côté une grappe de raisin entre deux feuilles de vigne.

Bibliographie. — Delattre, *Rev. Tunis.*, 1913, p. 301.

3. — LAMPE

Longueur, 0^m,13. Largeur, 0^m,095. Épaisseur, 0^m,03. — Trouvée dans le cimetière des *Officiales*.

Lampe à anneau (l'anneau est brisé) en terre noirâtre, portant au revers la marque MERV (graffite avant cuisson). Deux lampes semblables portent la marque MERVCLI ou MERVLLI.

Diane, sur un char tiré par deux cerfs, tire de l'arc. Aux pieds un sanglier se lance contre un chien.

Marli décoré de quatre grappes de raisin et de quatre feuilles de vigne alternées.

Bibliographie. — *C. I. L.*, VIII 22644, 209; Delattre, *Rev. Tunis.*, 1897, p. 428; Delattre, *Comptes rendus de l'Acad. d'Hipp.*, 1897, p. XL, n° 184.

4. — LAMPE

Longueur, 0^m,135. Largeur, 0^m,10. Épaisseur, 0^m,03. — Trouvée à Bordj-Djedid.

Lampe à anneau, en terre rougeâtre, portant au revers la marque   EX OFF

         I POMPEI

         PONTIANI

Cette marque nous donne le nom complet du fabricant *L. Pompeius Pontianus.* Inconnue à Rome, elle est fréquente en

Afrique et en Sardaigne [1]. En Afrique, elle se trouve sept fois à Carthage et une fois à Bulla Regia. Il semble donc probable que la fabrique de Pompeius Pontianus se soit trouvée à Carthage. Cette hypothèse est fortifiée du fait que le P. Delattre a recueilli ensemble toute une série de lampes analogues, formant le dépôt d'un atelier ou d'un magasin.

La lampe qui porte cette marque représente Silène marchant et tenant d'une main une grappe de raisin, de l'autre un cep de vigne.

Même marli que la précédente.

Dix-neuf exemplaires, dont six portant la marque de fabrique.

BIBLIOGRAPHIE. — Delattre, *Rev. Tunis.*, 1913, p. 303.

5. — LAMPE

Longueur, 0^m,12. Largeur, 0^m,075. Épaisseur, 0^m,003. — Trouvée dans le cimetière des *Officiales*

Lampe à anneau, de forme allongée, en terre brûlée. Marque illisible.

Elle représente un personnage comique, probablement Dossennus.

Marli décoré de feuilles.

La forme allongée de la lampe semble indiquer une assez basse époque.

6. — LAMPE

Longueur, 0^m,10. Largeur, 0^m,073. Épaisseur, 0^m,025. — Trouvée à El-Djem.

Lampe sans queue et sans marque, d'une terre noirâtre et d'une facture ancienne.

(1) *C. I. L.*, VIII, 22644, 260 et suiv.; X, 8053, 163, 247, 251.

Elle représente le portique de la *spina* d'un cirque. Ce portique composé de deux colonnes et d'une architrave chargée de sept dauphins mobiles, faisant pendant à un autre chargé de sept œufs, était, on le sait, destiné à compter les tours de piste accomplis par les chars.

7. — LAMPE

Longueur, 0ᵐ,10. Largeur, 0ᵐ,07. Épaisseur, 0ᵐ,025. — Trouvée dans le cimetière des *Officiales*.

Lampe sans anneau, de terre rougeàtre, et de forme ancienne. Au revers elle porte la marque LM/ //. Cette marque se retrouve en Afrique sur une lampe d'Hadrumète.

Deux funambules à tête grotesque s'avancent sur une corde raide ; le premier s'agenouille.

Bibliographie. — *C. I. L.*, VIII, 22644, 194; Delattre, *Comptes rendus de l'Acad. d'Hipp.*, 1897, p. xlv, n° 84.

8. — LAMPE

Longueur, 0ᵐ,115. Largeur, 0ᵐ,08. Épaisseur, 0ᵐ,03. — Trouvée dans le cimetière des *Officiales*.

Lampe à anneau, de terre rougeàtre, portant au revers la marque bien connue PVLLAENI[1]. Cette lampe est donc de fabrication africaine [2].

(1) *C. I. L.*, VIII, 22644, 276-282.
(2) Cf. Merlin et Poinssot, *Les Inscriptions* d'*Uchi Majus* (*Notes et Documents*, II), p. 54 et suiv.

Elle représente un taureau primé, portant sur son dos une pancarte où j'ai lu, non sans difficulté,

C. ALBINI

C'est le nom du propriétaire.
Marli décoré de cercles concentriques.

PLANCHE VIII

1. — INSCRIPTION VOTIVE A LA DÉESSE CAELESTIS

Dalle de calcaire gris. — Hauteur, 0^m,96. Largeur, 0^m,38. Épaisseur, 0^m,13. — Trouvée à Carthage.

L'inscription, quoique la dalle ait été brisée à la partie inférieure et séparée en quatre morceaux, est complète, ce qui constitue
une rareté à Carthage. Elle se lit sans difficulté : *Caelesti Aug(ustae)
sacr(um). L. Egrilius Felix Maximus Praenestinianus jussu deae fecit.*
Le culte de la déesse Caelestis en Afrique, ses attributions prophé-
tiques sont assez connus [1] pour que nous n'ayons pas à y insister :
les termes *jussu deae* indiquent un oracle rendu par la déesse. —
Le surnom *Praenestinianus*, le nom d'*Egrilius* très fréquent dans le
Latium (il l'est aussi en Afrique et dans les autres provinces)
permettent de voir dans *L. Egrilius Felix* un colon d'origine latine
plus ou moins éloignée.

Bibliographie. — Delattre, *Comptes Rendus de l'Acad. des Inscr.*, 1913, p. 4.

2. — CIPPE AVEC ÉPITAPHE

Calcaire. — Hauteur du cippe, 1 mètre. Largeur à la base, 0^m,75. Épaisseur à la base, 0^m,68.
Hauteur de l'inscription, 0^m,12. Largeur, 0^m,26. Hauteur des lettres, 0^m,015.
Trouvé au cimetière des *Officiales*.

Cippe monolithe, percé suivant son axe d'un conduit libatoire.
L'orifice a une section de 0^m,17 sur 0^m,14. Le conduit, à sa partie

(1) Audollent, *Carthage*, p. 370.

inférieure, aboutissait à une urne funéraire et y amenait les libations offertes aux mânes du mort. Sur la face antérieure du cippe est insérée une plaque de marbre jaune, portant une inscription qui se lit : *D(is) M(anibus) s(acrum). Chrestus Aug(usti) ser(vus) adjut(or) a comm(entariis) pius vix(it) ann(is) XXXXII men(sibus) VI, dieb(us) XV.* L'endroit du cimetière où fut trouvée cette inscription semble avoir été réservé aux esclaves de cette catégorie [1]. La fonction d'*adjutor a commentariis* est assez connue pour que nous n'ayons pas à y insister [2].

BIBLIOGRAPHIE. — Delattre, *Miss. Cath.*, fasc. 680, n° 14 ; *C. I. L.*, VIII, 12895.

3 et 4. — DÉDICACE

Calcaire. — Hauteur, 0ᵐ,82. Largeur, 0ᵐ,54. Épaisseur, 0ᵐ,05. — Trouvée à Rhadès avec deux statues de dimensions colossales.

Cette dalle de pierre présente plusieurs particularités : chaque face porte une inscription ; l'une des deux inscriptions a une ligne martelée et contient le nom de *Maxula*. La première inscription se lit : *Sabinae Au(gustae), Imp(eratoris) Hadrian(i) Aug(usti).* Elle est la plus ancienne : on peut à peu près en déterminer la date. Sabina reçut le titre d'*Augusta* en 128 ; elle mourut en 136 ou au début de 137. C'est donc entre les années 128 et 136 qu'a été gravée la pierre de Rhadès. Hauteur des lettres, 0ᵐ,10.

La seconde inscription se lit: *...[pro]cos. p(rovinciae) A(fricae) IIII, amatori ordinis aeque Maxulae, ob multa erga se merita, universus obsequens gratus ordo Maxul(itanorum).* Trouvée à Rhadès, elle a permis l'identification définitive de cette ville avec la *Maxula* des anciens. La première ligne, martelée, a exercé la patience des

(1) *C. I. L.*, VIII, 12893, 12896, 12897, 12898.

(2) Cf. De Ruggiero. *Diz. epig.*, s. v. *Commentarius.*

épigraphistes. Il est certain que la fin devait être constituée par les
lettres *pro*. La première lettre peut aussi se lire *L*. Les autres se
devinent plus qu'elles ne se lisent : Schmidt a proposé de lire
L. Ael. Dionysio, v. c. Il semble en effet que l'on aperçoive la
partie inférieure d'un L quelques lettres après le premier L et que
l'on distingue au centre YS. Mais la lettre qui précède ce groupe,
à notre avis, est un T, bien plutôt qu'un N.

L. Aelius Dionysius était proconsul en 298. C'est la première
fois que sur une inscription on trouverait son nom martelé.

Bibliographie. — *C. I. L.*, VIII, 12458, 12459; R. Cagnat, *Archives des Missions*, 3ᵉ Série, XI,
p. 147; Delattre, *Bulletin critique*, 1882, p. 34; Delattre, *Comptes rendus d'Hippone*,
1888, p. lxxvi, et *Revue de l'Afrique française*, 1888, p. 306; Tissot, *Géogr. comp.
de la prov. rom. d'Afr.*, II, p. 113.

5 et 6. — TABLES DE JEU

Calcaire gris. — Longueur, 0ᵐ,66. Largeur, 0ᵐ,47. Épaisseur, 0ᵐ,06.
Trouvées en 1910 dans l'amphithéâtre de Carthage.

Sur la dalle nº 5 sont gravées deux rangées semblables de signes;
mais la pierre a été brisée et le monument complet devait com-
porter trois rangées au lieu de deux. On compte par ligne douze
barres séparées par un carré que traversent deux diagonales.

Nous avons à faire à une de ces *tabulae lusoriae*, dont on a
retrouvé environ une centaine en Italie, en Gaule et en Afrique.
Elles sont toutes d'un type uniforme : trois lignes de signes ou
lettres, rangés en deux colonnes que séparent des signes variés. La
plupart du temps, chaque groupe de six lettres forme un mot — et
les mots une maxime de jeu. Deux de ces maximes, « *si tibi tessella
favet, ego te studio vincam* », « *invida puncta jubent felicem ludere
doctum* » nous apprennent que c'était un jeu de dés, où avaient

part la réflexion et le calcul. Il devait être analogue à notre tric-trac
ou plutôt à notre jaquet.

Le P. Delattre a trouvé la même année à Damous-el-Karita
une table de jeu d'époque chrétienne (n° 6) où sont gravés des
cœurs et le monogramme du Christ.

BIBLIOGRAPHIE. — Delattre, *Rev. Tunis.*, 1911, p. 12.

7. — INSCRIPTION MARTELÉE

Base de marbre jaune numidique, retaillée à la partie supérieure et sur le côté droit.
Hauteur, 0ᵐ,54. Largeur, 0ᵐ,37. Épaisseur, 0ᵐ,32. Hauteur des lettres, 0ᵐ,05.
Trouvée à Carthage, colline de Saint-Louis.

Le texte, à peine martelé, est facilement lisible : *L. Opillius
Felix proc(urator) Aug(usti) aram consecrav(it) et votum reddidit.*

Ce texte a déjà été trois fois publié — d'une façon incorrecte
d'ailleurs : à la première ligne, il faut lire non OFILLIVS ou
OTILLIVS, mais OPILLIVS. Le gentilice *Opillius* = Opellius est
celui de la famille de Macrin.

Tout de suite une question se pose : l'inscription étant martelée,
les inscriptions de Macrin ayant été martelées, ne pourrait-il s'agir
de Macrin lui-même. Le changement de prénom (comme *praefectus
praetorio* il s'appelle Marcus) n'est pas un cas extraordinaire dans
l'histoire de l'onomastique romaine, d'autant plus que le protecteur
de Macrin, Caracalla, s'appelait Marcus. Son prédécesseur, Géta,
avait changé de prénom. Macrin a été *procurator Augusti* sous
Caracalla ; il avait, de plus, un culte pour la *Caelestis* de Carthage [1], et notre inscription est dédiée à une divinité de Byrsa.

Tous ces rapprochements sont d'ailleurs fallacieux. Rien ne

____

[1] *Vita Macrini*, 3.

prouve qu'il s'agisse de Macrin lui-même. Mais il pourrait bien
s'agir d'un de ses protégés, ayant hérité du surnom de *Felix* choisi
par les *cognomina* impériaux, voué comme l'empereur au culte de
Caelestis, comme lui faisant sa carrière à Carthage.

D'ailleurs il n'est point sûr du tout que le martelage ait eu
pour cause la *damnatio memoriae* de Macrin. La manière dont est
taillé le bloc de marbre, dont sont effacées également et sans soin
toutes les lettres, semble indiquer que l'on a simplement voulu se
servir de ce bloc pour un autre usage.

L'alphabet est du IIIᵉ siècle.

Bibliographie. — *C. I. L.*, VIII, 24530 ; Delattre, *Rev. Tunis.*, 1901, p. 291 ; *Bull. de la Soc. arch. de Sousse*, 1904, p. 69.

8. — CIPPE AVEC ÉPITAPHE

Calcaire grossier. — Hauteur du cippe, 0ᵐ,85. Largeur à la base, 0ᵐ,70. Épaisseur, 0ᵐ,73. Hauteur
de l'inscription, 0ᵐ,21. Hauteur des lettres, 0ᵐ,03, 0ᵐ,023, 0ᵐ,02, 0ᵐ,025. Largeur, 0ᵐ,24.
Trouvée au cimetière des *Officiales*.

Le cippe, contrairement au précédent (n° 2), n'a pas d'orifice
libatoire : il est formé d'un seul bloc lourd d'aspect, et d'une
décoration peu élégante. L'inscription, par contre, est en beaux
caractères. Elle se lit : *Dis Manibus sacrum. Licinia M(arci) f(ilia)
Tertulla pia vixit annis XXVIII H(ic) s(ita) e(st)*.

Bibliographie. — *C. I. L.*, VIII, 24776 ; Delattre, *Rev. Arch.*, 1899, I, p. 391.

INDEX

1

3

2

MUSÉE DE CARTHAGE

MARBRES

1

2

MUSÉE DE CARTHAGE

SARCOPHAGE — BAS-RELIEF

MUSÉE DE CARTHAGE

BAS-RELIEFS — BOUCLIERS DÉCORATIFS

MUSÉE DE CARTHAGE

SCULPTURES DIVERSES

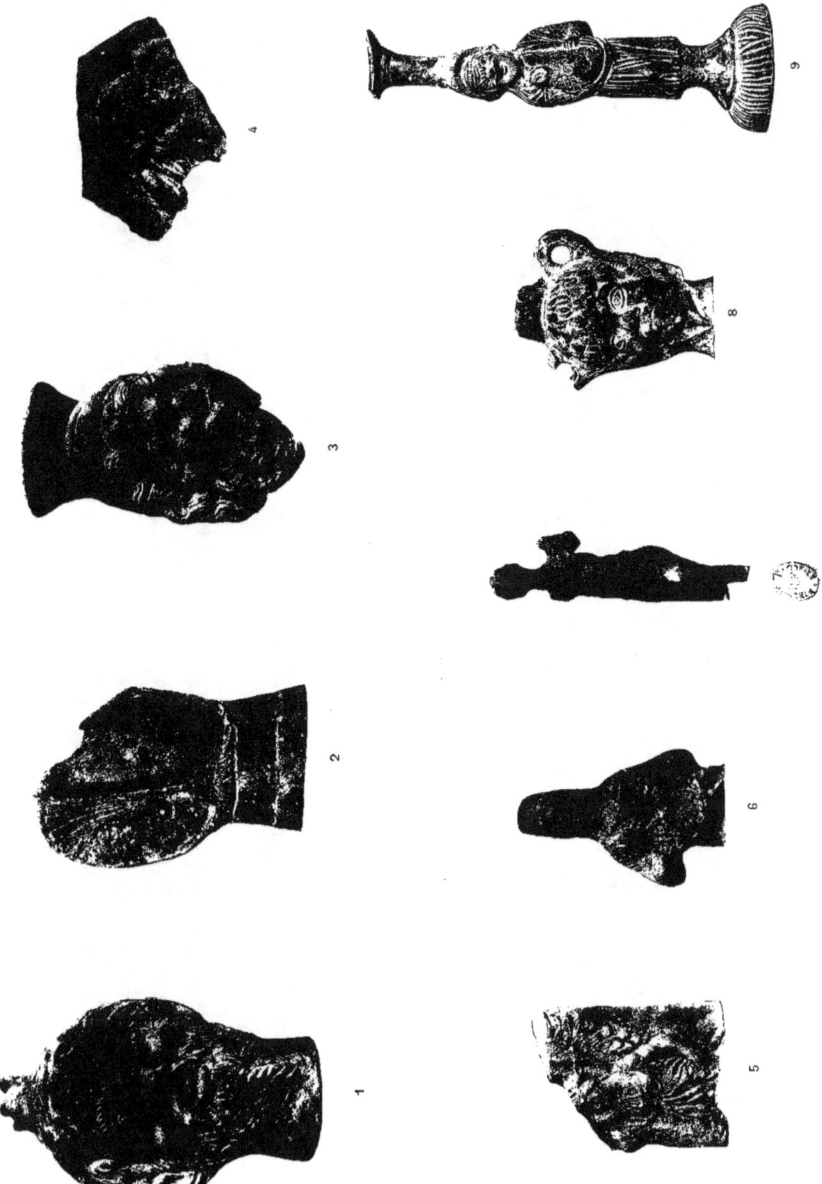

MUSÉE DE CARTHAGE
FIGURINES DE TERRE CUITE

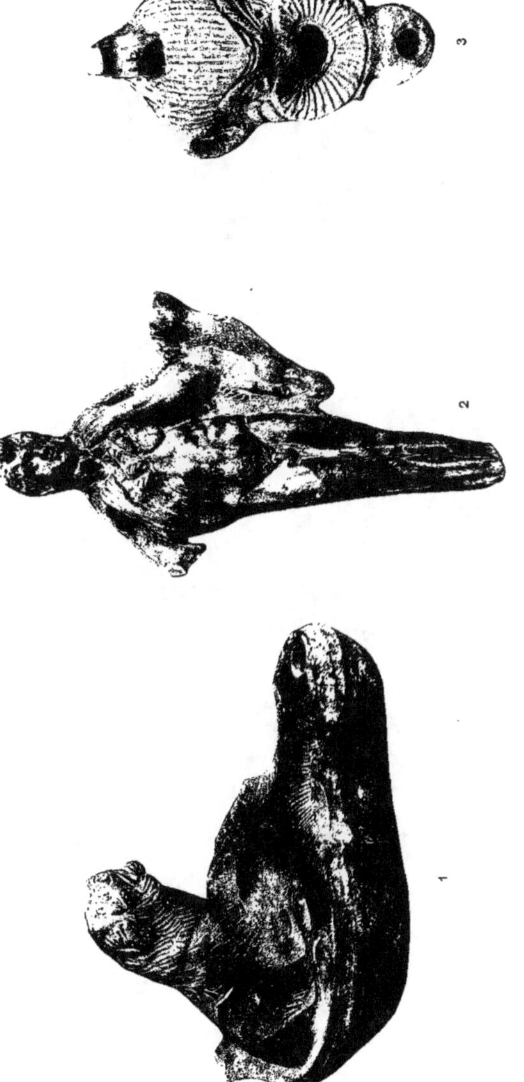
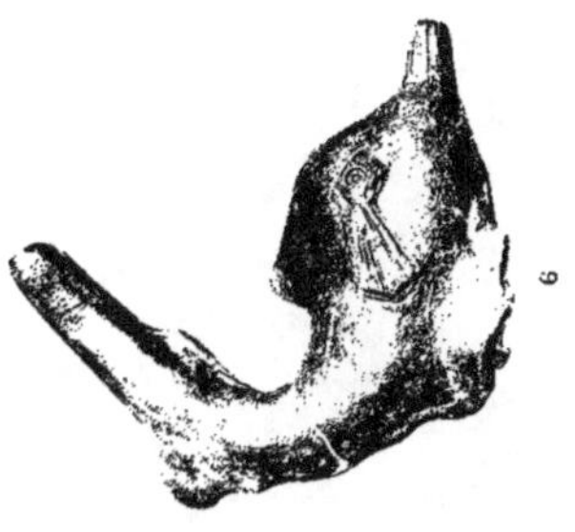

MUSÉE DE CARTHAGE
LAMPES DE TERRE CUITE

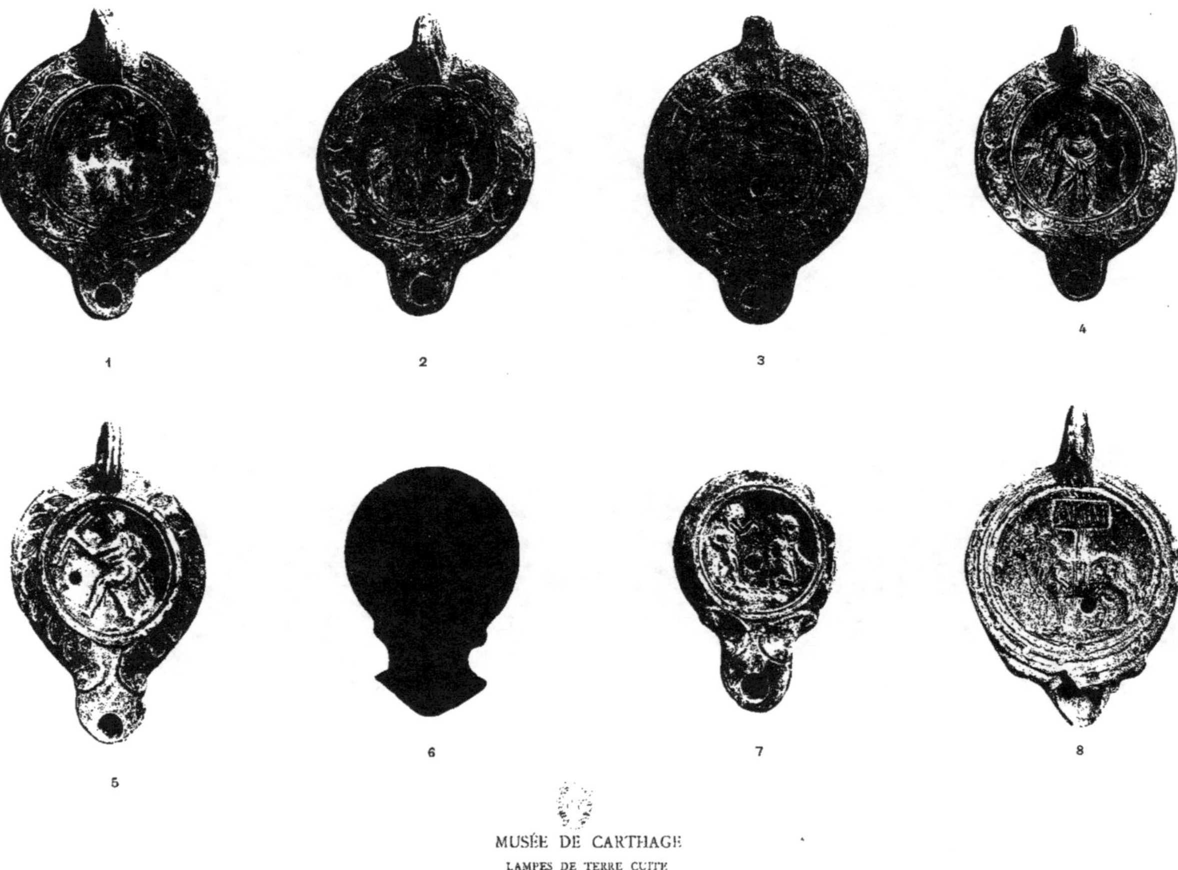

MUSÉE DE CARTHAGE
LAMPES DE TERRE CUITE

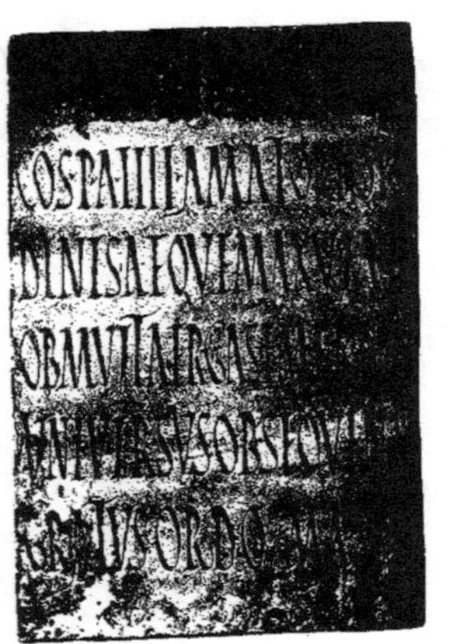

MUSÉE DE CARTHAGE
INSCRIPTIONS ROMAINES

Photocopie Berthaud, Paris.